Pequeno Palco

Ricardo Lima

Pequeno Palco

Poemas 2013-2019

Ilustrações
Lygia Eluf

Ateliê Editorial

Copyright © 2020 Ricardo Lima

Direitos reservados e protegidos pela Lei 9.610 de 19 de fevereiro de 1998.
É proibida a reprodução total ou parcial sem autorização, por escrito, da editora.

Dados Internacionais de Catalogação na Publicação (CIP)
(Câmara Brasileira do Livro, SP, Brasil)

Lima, Ricardo
Pequeno Palco: Poemas 2013-2019 / Ricardo Lima; ilustrações Lygia Eluf. – Cotia, SP: Ateliê Editorial, 2020.

ISBN 978-65-5580-020-3

1. Poesia brasileira I. Eluf, Lygia. II. Título.

20-46578   CDD-B869.1

Índices para catálogo sistemático:
1. Poesia: Literatura brasileira   B869.1

Cibele Maria Dias – Bibliotecária – CRB-8/9427

Direitos reservados à

Ateliê Editorial
Estrada da Aldeia de Carapicuíba, 897
06709-300 – Cotia – SP
Tel.: (11) 4702-5915
www.atelie.com.br | contato@atelie.com.br
facebook.com/atelieeditorial | blog.atelie.com.br

Printed in Brazil 2020
Foi feito o depósito legal

Nossa época é essencialmente trágica, por isso nos recusamos a vê-la tragicamente. O cataclismo já aconteceu e nos encontramos em meio às ruínas, começando a construir novos pequenos hábitats, a adquirir novas pequenas esperanças. É trabalho difícil: não temos mais pela frente um caminho aberto para o futuro, mas contornamos ou passamos por cima dos obstáculos. Precisamos viver, não importa quantos tenham sido os céus que desabaram.

D. H. Lawrence, *O Amante de Lady Chatterley (1928)*, trad. Sergio Flaksman.

Pequeno Palco

todos de um certo modo
cavam um pequeno palco
em algum momento da vida

não serve pra nada
não aumenta nem diminui
não prega a paz nem dá um tiro

no circo do trabalho
no almoço em família
ou no botequim

em algum lugar sem a menor importância
cava-se o pequeno palco

lá somos os mais ridículos
no nosso pequeno palco
somos piores do que somos.

como fazer um verso dói
ando cabisbaixo em plena primavera

antes de sufocar
virar mozart ou morador de rua

pode morrer de lazer
a poesia mais pura

porque as crianças não percebem
quando deixam vazar um sorriso.

plateia e dublê desses dias
traz da infância a cachoeira
sem falsa neve na favela

um mês cruel e estiolado
na terra devastada com lilases
de algumas raízes de abril

em dias de cego silêncio
com abajur aceso sob o sol
um amor alagado por descuido delira

em tudo isso e também no mar
haverá uma tábua
sem esperança.

há muito a tristeza não faz vigília
não dói a morte não grita a dor

há muito tudo que queima
sangra aperta não deixa sombra no corpo

hoje apenas felicidade
faz chorar

o vencedor o recorde o grito do futuro
no filho de uma árvore

a alegria desmedida
o riso involuntário

a chuva quando ainda há sol
faz chorar.

na cidade da infância
a tinta das janelas que não desesperam
uma calçada de mato e um rio secando
a escola de cores apagadas

na cidade da infância
o poço de dor da religião

a praça da estação aos farrapos
as ruas familiares que não reconheço
o pássaro do alpendre agora mudo

não sei por onde sair
não sei como me despedir.

para Roberto, Lilian e Luah Guimarães

depois de tudo de todo sal e alegria
a morte vem com golpes e a galope como um gole
sinistra singela às vezes até com paz
mas morte sempre foi guerra

sem antecedentes criminais
com as dores de um sapateado
a surpresa de um tiro
e também com sede
resistência
súbita ou com suspiro

a morte vem aloprada com carapuças e a toda
como ondas como uma toada uma boiada
vem certa no rumo de alguém
e não há como escapar.

enquanto houver planeta
se houver nossa espécie seja ela qual for

haverá crítica ao século dos extremos
século do afeto eletrificado

cobaia da bomba atômica
refém do homem-bomba

insolúvel equívoco planejado
seco e imundo de enchentes

século que fechou suas portas
com poses para uma selfie.

enquanto o sonho queima os olhos
no ar um gato mia em colo distante

a alegria da louça lavada
e enxuta no calor da tarde

o sol respinga na toalha
de uma mesa lisa
estreita
sem história

uma cortina
ainda sem cor.

o escritor que dá conta de contar sua época
o caminho árido depois floresta
que leva a machu picchu

os torcedores mudos
de um time que nunca faz gol

sempre penso nessas oportunidades
para salvar o planeta

espreitar a dignidade de uma árvore jovem
espantar o abraço de alambrado
e as molas da conveniência

assumir o peixe desajeitado da existência
sem um aquário.

não sabe em que rima se encaixa
se engraçado engraxate agachado
pegando os rios que o filho perde pela casa

para manter as aparências
deixa tudo limpo e doente

mas os arroubos
não consegue conter com sutileza
a floresta não cansa de invadir o quintal

todos os silêncios do presépio ordenam um rito
os sentidos perdem o rumo em alto-mar.

porque tudo cala tudo continua e não passa
as perguntas respondidas não vão embora

a rua atravessa meu caminho
os gritos engolidos pela pia
a barba de molho na sopa do avô

por mais espessas e resistentes
as paredes de pedra da minha casa
não sustentam meu coração.

não reza
nem que a vaca toque o sino

tem um baita desprezo
pelo sorriso do destino.

não gosto do resto de carinho
que descasca alguns dias
exibido no pescoço para manter o equilíbrio

não gosto do passo que não vacila e avança
dos recuos mesquinhos
que apertam os dedos na garganta

não gosto da violência no suicídio
da complacência nos santos
da infelicidade nos sonhadores

não gosto
profundamente
da cegueira e da histeria da reza.

nunca a música tão inútil
como a deste tiroteio

nunca a guerra tão longa
as vítimas afogadas tão sem suor

sem capricho nenhum o luto
sem constrangimento o extermínio

nunca a sede com tanta tortura
a ferida tão exposta
a aposta de centavos na espécie

e nunca
nunca esquecer o rosto faminto
a mão estendida
para não perder a luz dos últimos dias.

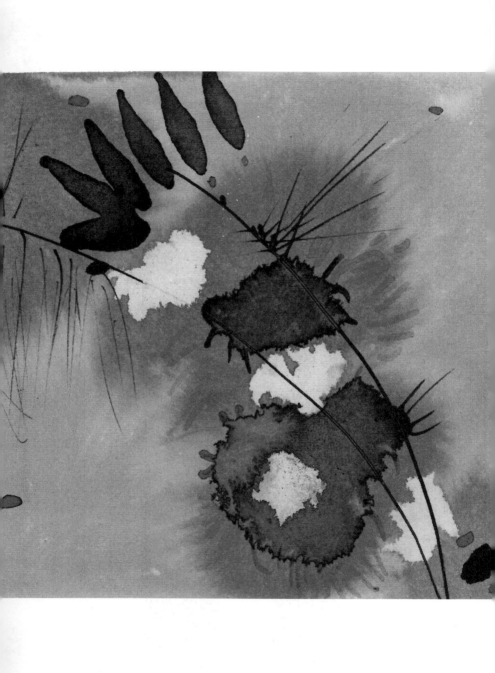

nascidos na mesma cidade
respiramos a mesma terra
eu e meu pai
somos conterrâneos

ele é das pessoas mais dignas
da maravilha da vida e vai morrer

são diversos os azulejos
a colorir o pátio e os desafios

um relógio desgovernado
quer acertar a hora

cumprir o combinado
ficar e ir embora.

no discurso da formatura
manteve o tom nostálgico
a aguda crítica social
a certeza psicodélica
e a falta de educação
que havia aprendido na escola

"sinto ausência da coca-cola é um sabor
do cigarro com imagens cavalgando
bolachas de chocolate chicletes

não suporto a piada agressivamente careta
que nos rodeia
sinto falta do proibido do permitido
da ausência alucinada de tudo que mentimos

e não sinto a menor simpatia
pela ilustre presença de vossa senhoria".

o choro alegre
que a surpresa provoca
é como um uivo na rua
endireita poste abandonado pela solidão

sei tanto do barulho do vizinho
que quase sou seu parente
tanto de nada
que quase me encontro

sou pai e filho
perdido
no meio do caminho mais maravilhoso
da existência.

o ladrão galga quarteirões
e faz prazos prescreverem
se eu avançar um degrau nas perguntas
sou impertinente

o estado morde o cidadão em delírio e declínio
mas se for no condomínio cheio de dívidas
cheirando cocaína na varanda gourmet
a mordida não é a mesma

a justiça essa lesma não desagrada a quem graceja
os fins justificam indiferença
e é difícil acreditar
quando mestres covardes ajoelham.

é possível imaginar um macaco
matar outros 59 macacos
de uma vez
em um único surto
numa tacada?

imaginar um macaco
sair de casa com algumas doze ou treze
metralhadoras?
não
evidentemente que não

um macaco
não seria capaz
de humana atrocidade.

a luz que amanhece sem voz é baça
névoa e dura
como dores musculares misturadas com angústia

uma manhã sem sol precisa de perícia
para saber quem colocou música tão alta
no poço do elevador

quem prendeu e quem mandou soltar
a triste rotina da estatística
as tantas mortes mordidas por tiro
e no poder um abençoado por deus.

depois do pedido de bis e de blitz
algum santo fecha a porta
ninguém entra ou sai

da solidão

ileso.

tanto faz o drink
a dor de cabeça
o gim mais chique
no quarteirão bacana
de uma capital do mundo

a lua da casa vazia na rua da avó
esperneia.

nos dias de hoje é preciso
enorme rigidez com os regimes
rápida lucidez com os abismos

é preciso ser livre e assertivo
nos dias duros de hoje é preciso
reger com humana clareza
nadar uma enorme piscina

porque o grito de socorro
não parte das nuvens

é preciso estar atento
à embriaguez divina.

a eletricidade acende trovão e abajur
carrega celular na tomada
não deixa criança sem tablet
namorada sem teclado

está por toda parte
constrói nações na nuvem
liga a solidão de cada um
compartilha província na praça da metrópole
ilumina infância sem sal

sem deixar doentes
e sem inocentar ninguém.

há congestionamento no everest
e morte de alpinistas:
o topo do mundo ficou pequeno
para o contingente de consumidores

a neve infinita cortada
por um fio colorido de blusões
peregrinação de desocupados
para abocanhar um pedaço do céu
compram-vendem 380 autorizações
a 11 mil dólares cada

esta é a população na montanha neste momento
nas terras do nepal
outros 140 escaladores
estão subindo pelo lado chinês.

violência injustiça privilégio

há palavras
que não abandonam nossos dias
nossos jornais

não iluminam nossos gregos
não conduzem nossos cegos

e ardem feito agulhas.

recebe nas costas as últimas pedras
a mais pesada tem dois centímetros
um poema concreto

minúscula negra
luto preso ao lago com calma erudita e violino

ao pôr o pé no chão da manhã
foi desalojado da laje
pouco depois de ter sido feito refém desta rua

conta os anos para o amigo
e soma os dias nos dedos que faltam.

por não saber qual o tamanho do gato
a engolir
o tamanco do passo
para envelhecer

aceito a solidão
disfarçada de dor

não sei somente o que não sei
não sei muito mais
prendi um pássaro na agenda
questões mirabolantes sob o travesseiro

não sei sinceramente
o roteiro.

ter tanto a preservar
quanto a amazônia
tem de mata e de medo
tem de longe e de dentro de mim

aquele com a dor queimado
conhece a chuva que não vai chegar

na contramão
o que desconhece o destino
do barco na descida
não sabe sequer usar os remos.

para descansar muitos lares
mas desavenças

lucro e orações não combinam
e insistem em marchar nossos dias

palavra mais humana que liberdade
não nasceu

olho no olho dos meus amigos
e vejo tanto ódio

que nem sei com qual luz
o anjo esconde a nudez.

SOBRE O AUTOR

Ricardo Lima nasceu em 17 de novembro de 1966, em Jardinópolis (SP). Publicou *Primeiro Segundo* (Arte Pau-Brasil, 1994), *Chave de Ferrugem* (Nankin, 1999), *Cinza Ensolarada* (Azougue, 2003), *Impuro Silêncio* (Azougue, 2006), *Pétala de Lamparina* (Ateliê Editorial, 2010) e *Desconhecer* (Ateliê Editorial, 2015). É jornalista e vive em Campinas (SP).

Título	Pequeno Palco
Autor	Ricardo Lima
Editor	Plinio Martins Filho
Produção editorial	Aline Sato
Ilustrações da capa e do miolo	Lygia Eluf
Capa e diagramação	Camyle Cosentino
Revisão	Lúcia Helena Lahoz Morelli
Formato	14 x 21 cm
Tipologia	Minion
Papel	Pólen Bold 90 g/m² (miolo)
	Cartão Supremo 250 g/m² (capa)
Número de páginas	72
Impressão	Renovagraf